PREFÁCIO

"A menina que sempre caminhou vestida de poesia, decidiu jogar ao mar do mundo os versos que abarcavam sua alma. Para ela, tal atitude imputava uma audácia corajosa restrita apenas aos jovens e poetas. Sorte a dela ser os dois."

Este livro é como uma respiração longa depois de um mergulho profundo. É um ato de auto-validação, uma legitimação da minha arte. A verdade é que falar das mazelas da vida e de tudo o que dá sentido a ela, sempre foi a minha paixão mais íntegra e dolorosa.

Enquanto escrevia, passei por lugares em mim que nunca pensei ter habitado antes! Lugares lindos e, ao mesmo tempo, tortuosos.

Definitivamente, nosso peito é um território imenso e o coração que ele abriga é maior ainda. Inequivocamente, essa é uma jornada que vale a pena viver. Por isso, convido você a começar seu itinerário por aqui..

Todos os adjetivos que me cercam são intensos, vibrantes e inteiros.

Tudo o que me pertence e faz de mim o que sou, de alguma maneira reverbera. Meu barulho é perpetuado nos meus passos, no meu riso e na minha permanência em qualquer espaço.

Até meu silêncio é audível, se você pára pra escutar.

O amor me fez crédula, no melhor sentido da palavra. Me amparo em esperanças e convicções tanto lindas como sólidas para o futuro. E enquanto ele não chega, faço do afeto o fator principal do meu presente.

Sou feita de imensidão e infinito. Tenho pressa das coisas que ainda nem vivi. Tenho sonhos grandiosos, amores idealizados, ideias conflitantes, aspirações questionáveis e tombos proporcionais a tudo isso. Alguns deles doem, rasgam a pele e o conforto e me obrigam a começar de novo. Mas, no fim sempre escolho renascer, pois entendo que cada queda é uma chance de aprender. A verdade é que não sei me explicar direito, mas sei que mora em minha alma um desejo absurdo de existir,

uma dose linda e exagerada de vida!

E pra mim, isso basta.

Ora, desde que compreendi que a vida é mesmo imprevisível e que o tempo passa ligeiro, fiz de mim um espetáculo de bons sentimentos. Me faço protagonista e plateia, onde o ato de ser feliz é o que me faz completa. Não que seja sempre assim, entendo que pra levantar é preciso primeiro cair. Percebo que a felicidade é por vezes desfazer-se das balas que lhe atravessam o peito e então reconstruir-se por inteiro, é um verdadeiro despir-se da carne que necrosa e revestir-se de uma completamente nova.

E exatamente por isso, vivo a diáspora de desgrudar-me do que fui e encasular-me ao que sou agora. Enquanto isso, deixo para trás das coxias o medo que assusta, a mágoa que atrasa, o rancor que me maltrata, e tudo mais que tira o brilho e a cor, tudo o que afasta-me da alegria e me remete a dor. Escolho, por fim, desfazer-me do que me pesa alma, para então me aninhar a tudo aquilo que desperta em mim ...amor.

Me fiz sonho para uns

E pesadelo para outros

Mas me pergunto:

Seria em razão

da voz alta

Ou dos versos

soltos?

"Tua energia sempre tão viva"

me disseram,

Deixam alguns em dividida

Ora, nem todos sabem lidar

com tanta vida dissolvida

Acredito que sempre fui do avesso

E ainda bem que fui e que sou

Porque é esse jeito travesso

o que sempre me encantou

E o que há de mais bonito

A não ser admirar-se consigo?

E ter a certeza que em sua companhia

Há também sombra e abrigo?

Sabe-se lá porquê

A vida não traz todas as respostas

E diante de alguns olhos que nos veem

Talvez sejamos feitos a versão oposta.

Mas tudo bem,

Afinal alguns só enxergam o que convém.

Por isso, essa é a verdade que escolhi viver a mercê:

"Não há mais ninguém como eu e você"

E isso é mais do que suficiente

para amar o que se é.

Espelho, espelho meu até quando vou fugir daquilo que sou eu?

Tive que repetir para mim ao longo da vida e agora repito para você:

Teus traços e tuas formas transcendem as opiniões pequenas que residem neste mundo,

Onde se idolatra o inalcançável e demonizam a tua natureza.

Onde comercializam um corpo inexistente e te fazem acreditar que você não é suficiente!

É cruel, eu sei, eles quase parecem ter razão, mas não se converta, nem por um instante, a essa ideia adoentada de que você não é o bastante!

As tuas marcas ilustram cada dia que você se empenhou para existir!

Tudo o que somos é o resultado da história que vivemos e das lutas que travamos.

Portanto, aceitar o teu processo de construção e aquilo que se torna e se reinventa a cada dia, é uma baita vitória diante daqueles que querem te convencer que bonito mesmo é buscar algo que

não seja ser você. Somos estrelas!

Feitas para brilhar ao nosso próprio modo!

Não duvide de si, da sua potência ou do seu coração!

Afinal,

Que graça teria o céu

se houvesse uma só

constelação?

Tu é feita dos versos mais

claros e bonitos do mundo

Uma coletânea

das obras primas de tudo.

Tua risada poderia embalar

discotecas inteiras,

e teus discursos convencer e apaziguar

os confrontos da fronteira;

Tu tem uma coragem agigantada,

e uma vontade colossal de ser quem é,

Tu tem uma força incólume pra conseguir o que deseja

e uma certeza invulnerável de que chegará lá.

A realidade é teu ponto de vista favorito,

tu constrói tuas ideias

a partir do que lhe sólido,

do que lhe faz sentido,

teus olhos não romantizam a vida,

mas ao mesmo tempo não tiram o brilho que ela tem!

Tu acredita no amor e na esperança

e no triunfo do bem

Teu peito que ferve e faísca,

acende e ilumina

o coração-vela da gente,

Teu ser está em constante ebulição,

Teus estados mudam tão constantemente

que sinto sempre ter coisas tuas a conhecer

Bem na minha frente ;

E que lindo é isso.

amar uma uma alma cadente,

que se transforma

e transforma a gente!

Transforma o aperto no peito e

Deixa vingar a alegria, renascimento, reinventa a si mesmo por dentro, põem em caixas o que tiver que sair e escolha o que tem que ficar.

Perdoa quem te feriu e

Deixa o vento soprar!

Tem gente que é tão boa que é o tipo que a gente torce para ser

ou quem se torce pra ter,

Por perto,

do lado,

ou em qualquer espaço...

da vida.

Quando os furacões são tantos que nos fazem ver a vida virando do avesso,

Quando as dificuldades já parecem fazer parte da gente,

Quando as dúvidas são tantas que nos sentimos perdidos,

Quando os problemas fecham as portas e escondem as saídas,

Quando todas as soluções parecem se dissipar na força de um sopro,

Quando as quedas são tão constantes que calejam a alma,

Quando as coisas raramente estão onde deveriam estar, então nós finalmente entendemos o valor que tem as pessoas que escolhemos durante a caminhada.

São elas que nos amparam e muitas vezes nos

impedem de desistir.

Pois se meu tempo se acabasse agora

E nada eu pudesse fazer

Se não tivesse nem mais uma hora

Lhe garanto que usaria meus minutos para lhe escrever;

Lhe diria agora mesmo

Sem pressa e nem medo

Que a parte mais bonita do caminho

Foi encontrar você;

Me achegaria bem pertinho

e lhe diria com jeitinho

Que foi teu ombro amigo

o único que soube me entender ;

Ainda diria bem mansinho

Que aprendi mesmo contigo

Que a vida passa é num instantinho

E que o mais importante é mostrar carinho

Sem razão e nem porque;

E antes que o tempo se esgotasse

E meu coração virasse só

Saudade,

Então diria bem alto como só eu sei fazer:

Que eu sempre quis viver pra sempre,

Mas quero ainda mais

Se tiver você.

Ladrilhei cada rua

Que te trazia ao meu caminho

Fiz até prece pra ganhar o teu carinho

Dei tudo o que eu tinha

Jurando querer ser tua

Quando eu não era nem minha.

Às vezes a gente confunde amor com confusão

E deixa qualquer barulho

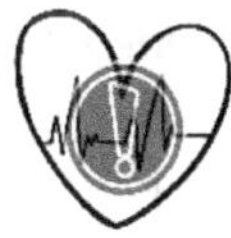

Acelerar o coração;

O amor é a força propulsora da vida

É o que move os desafios à bonança.

É o que alimenta os sonhos e fomenta a esperança.

o amor é sombra, é paz, é barulho do mar, é
quietude para si ou para o outro descansar.

Amor é também liberdade e ao mesmo tempo

quem lhe faz pertencer por vontade,

é quem ensina o valor da lealdade.

É quem lhe faz entender que não importa a onde
se vá, há de haver sempre um alguém para quem
voltar.

O amor te traz respostas,

É uma arte poderosa,

uma poesia grandiosa

é quem lhe dá

a tranquilidade de não duvidar,

E quem, por fim, lhe faz entender que nada é verdadeiramente fácil, nem mesmo amar,

Mas não existe impulso maior para lhe fazer continuar.

Acho lindo o jeito como todos esses anos me fizeram carregar tantos traços teus como se já fossem para ser meus.

E acho mais lindo ainda o jeito como a vida caminhou, caminhou e se deu: com a gente junto e com meu coração cheinho de amor pelo seu!

Teu afeto é uma prova invalidável de que são as pessoas que fazem luz no breu do caminho.

Me diga assertiva e constantemente

que é meu rosto que paira em sua mente

cada vez que você fala de amor;

Me diga que você sonha acordado

em um dia andar ao meu lado

e suspirar mesmo calado, por tocar a minha mão;

Me diga que nossas divergências são à toa

Que mesmo assim eu sou sua pessoa

E que a nossa vida juntos vai existir e perdurar
apesar de qualquer coisa;

Me diga que se importa

Que nos dias frios vai bater em minha porta

E me abraçar de todo jeito

me embalar entre seus dedos

e aquietar meu coração

Encostada no teu peito.

O amor tem mais ramificações do que os fios de uma cidade inteira. Poetas e desiludidos, ambos corajosos, se propuseram a olhá-lo de perto, como quem desbrava uma floresta inteira com um facão na mão.

É justamente por isso, por sabermos tanto e ao mesmo tempo não sabermos nada sobre ele que optamos, numa manhã acizentada, pelo caminho inverso.

Assim, talvez, retirando os escombros caídos em cima da ideia difundida da principal temática da vida, achássemos aquilo que ele foi feito pra ser.

Amor não é pressa.

Amor não é cobrança

ausência

dúvida

covardia

Egoísmo

Insistência no teu eu antes do que o outro

Amor não é posse, domínio ou medo.

Amor não é omissão ou segredo.

Não é distância

Impaciência, intolerância.

O amor não é prazo ou expiração.

O amor não é algo decrépito, gradativamente envelhecido.

Amor não é comodidade

Constância

Tampouco linearidade.

Categoricamente, há muito do que o amor não é e que não cabe fingir ser.

Eis que o entardecer chegou e depois de transitar e retirar cada pedaço quebrado e caído, tudo me foi esclarecido, sim, em meio a tanta poeira, apareceu-nos a certeza de que o amor é o oposto de tudo isso.

sim, ele mora longe de tudo que fere e machuca

que soterra e sepulta a alma da gente...

Foi visceral a maneira como

Você invadiu o meu peito.

Foi algo como a queda da Bastilha

ou alguma outra semelhante invasão.

De repente, eu não tinha mais o controle e meu coração já sussurrava seu nome.

Minha presença ficou impressa e

Meu cheiro impregnado,

Agora cada vez que o silêncio paira

É a minha voz ecoa do teu lado.

Afeto salva, carinho salva,

compreensão salva,

correção salva,

estender a mão salva,

abraçar salva,

ouvir salva,

dar de si salva,

o amor salva.

Fomos feitos com a capacidade de salvar a nós mesmos

e uns aos outros todos os dias.

Não ignore isso.

O amor é a arma e o escudo.

É o que dá calor a pele

e dilata cada poro.

É o que nos mantém vivos.

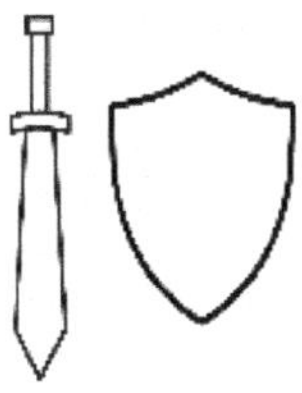

Arreganhe a janela,

Escancare a porta,

Desnude a alma,

Exponha-se até à aorta

E então, deixe o amor entrar.

Olhe a sua volta,

Está estampado em todo lugar que a falta de amor
nos envaidece, a ponto de acreditarmos que
sozinhos tudo somos,

Que é só a nossa vontade o que importa,

Quando a verdade é que o toque do outro

É o que traz sentido ao que, de fato,

significa ser.

Tu brinca de parecer frágil,

Quando na verdade,

A força que lhe habita é nos mais singelos adjetivos,

Pura imensidão.

Outro dia, revivi dentro de mim os melhores e piores momentos que passei, às vezes que dentro da minha inteireza e profundidade, fui do céu ao inferno. Nem todas as imagens eram nítidas, algumas eram mais sensações do que figuras, mas até nessas eu enxergava um borrão seu.

De um jeito ou de outro, você sempre estava lá. Você me levanta todas as vezes que querendo alçar os céus, me deparo com o impacto do chão.

Me agasalha os braços e o peito na força do teu abraço.

Você que não acredita facilmente em nada, acredita em mim.

Você me impulsiona, faz vibrar em mim uma vontade avassaladora de conseguir o que quero.

Você me convenceu do amor que mereço e me despiu das minhas crenças limitantes de que o pouco me basta.

Você entende meus erros, mas me faz corrigir a pontaria.

Você não me larga, não me abandona nem por um segundo.

E, às vezes que soltou o meu guidão, andou lado a lado pra me amparar!

Quando estou contigo me sinto forte e me permito ser frágil, dividindo tudo o que tem de mais bonito e doído dentro de mim.

A melhor coisa que aconteceu comigo foi me enraizar em você. É gigante, divino, poder te pertencer.

Teu olhar atravessou a minha alma,

dilatou minha pupila e secou minha garganta.

Nunca havia visto meu corpo tão vulnerável e ao

mesmo tempo tão poderoso.

Que o amor endosse teus princípios,

E a tua fé fortaleça o teu caminho.

Que a gentileza lhe acompanhe

Por onde quer que você ande

Que nos dias tortuosos,

Tu se lembre da alma dos esperançosos

Que mesmo diante da dor

Sabe ser benevolente,

estendendo a mão pra toda gente,

com a certeza de que a vida mais cedo ou mais tarde

saberá andar pra frente.

Almas tristes também dançam?

Pergunto-me pronto para dançar.

Me peguei sentado contando os segundos pro tempo passar.

Ando mais introspectivo, reflexivo.

Numa dessas apanhei uma xícara,

e tomara um café enquanto pensava: prece é grito ou oração?

Imaginei ser refúgio da alma,

alívio pro coração.

Inúmeras vezes me pego em frente à janela, derramando meu coração, e em grande parte o único som que se escuta é o de minha respiração.

Reúno diariamente uma pauta, assuntos diversos, a maioria deles inacabados, aqueles pelos quais a gente sofre mais de uma vez. E ainda assim, a sensação é de falar com alguém que não cansa de me ouvir.

Como isso me soa incrível! Acho admiravelmente bárbaro poder comunicar-me com quem delineou o projeto de minha existência, que tem uma visão panorâmica das minhas mazelas e de minha essência .

Quão grandioso é desabafar com quem não corre o risco de me mal interpretar, afinal de mim Ele conhece cada pedacinho, cada lugar.

Estive vivendo um luto por mim mesma, sim, porquê eu não sou mais a mesma pessoa que há 1 e meio ano atrás.

A verdade é que sepultei muita coisa dentro de mim: ideias, concepções, comportamentos...

E, mesmo sendo o certo, às vezes chorava sob o corpo imaterial da minha essência.

Mudar é difícil, conclui.

Fagulhas de você lhe atrapalham e diferente de uma morte literal, aquilo que se era pode facilmente ressuscitar.

Por isso, tive que sepultar, adubar e esperar crescer em meio aquele solo, uma outra versão de mim.

Demorou, exigiu paciência, porque a planta da vida demora a germinar.

Mas ela sempre cresce.

E hoje, uma longa distância me separa daquela menina que fui. As ideias que ela tinha hoje me assustam e tudo o que ela já fez para provar seu valor já tão evidente, me avermelham as bochechas num misto de constrangimento e reprovação.

Ah se pudesse ter dito a ela antes que o que é nosso é nosso sem precisar pestanejar. E que qualquer canto que nos faça encolher não é nosso lugar!.

Queria tê-la convencido de que há pessoas incríveis no mundo a enxergar o mesmo em nós, sem nos esforçarmos tanto pra isso.

Queria tê-la poupado de tanta coisa.

Mas, cá pra nós, felizmente não o fiz.

Pois, foi depois de tudo isso, que entendi que apesar de não poder anular o que fui , nunca mais volto para o caminho de onde eu vim.

É madrugada e lhe escrevo enquanto o silêncio paira em minha casa. Realoquei em minha mente, meus pensamentos a teu respeito e cada um deles são como fichas que puxo em uma pasta de memórias.

Querido, estive revisando um por um e confesso que todos me dão a sensação de ter vivido uma vida inteira com você. Senti tua chegada me virando do avesso, como um furacão que levanta os tetos das casas e balança as copas das árvores.

Você me tirou do eixo, me fez mergulhar para dentro de minha alma e entender que lá no âmago do nosso peito, onde faz mais sombra do que sol, todos nós esperamos ser acolhidos e embrulhados num amor verdadeiro e abnegado.

Eu acredito que as coisas não eram pra ser como são.

Eu acredito que a vida é muito mais do que fugirmos de nós mesmos e das nossas dores, como costumamos fazer.

Eu acredito que é impossível aceitar a ideia de que habitamos lugares por um determinado tempo apenas para definharmos enquanto ele passa.

Por isso, acredito que muito perto do agora, dias melhores e constantes vão chegar.

Eu acredito em um mundo bonito, e cheio de pessoas boas a andar por ele.

Acredito em um mundo livre de tudo o que nos arranca lágrimas doídas e nos fecha a garganta.

Acredito em mundo em que não teremos medo, dos outros, das circunstâncias, dos imprevistos.

Acredito em um mundo em que amar as pessoas será a coisa mais óbvia possível a se fazer.

Acredito em um mundo cercado de altruísmo e coragem, de felicidade e certezas, de risos largos e longos, daqueles que nos tiram o ar e fazem a barriga doer.

Acredito que quando vivermos este tempo, nada nos afastará daqueles que fizeram de nós quem somos e que por algum motivo tiveram de nos deixar por um pouco.

E então a paz sobressairá a qualquer divergência.

E eu poderei ter realizada a minha certeza de que nossos dias finitos, serão prolongados por um tanto de tempo chamado sempre.

Meu entendimento sobre batimentos cardíacos é
algo muito próximo do zero.

Mas sei que a presença deles faz parte dos critérios
daquilo que computam a vida.

E, os meus, meu bem, sapateiam uma coreografia
quase que ensaiada cada vez que olho pra você.

É o exato momento em que me sinto viva,
consciente no tempo e espaço,

onde sinto o ar entrando nos pulmões

e a certeza do amor se aninhando em minha pele.

Eu agradeço por seu caminho ter abraçado o meu, todos os dias!

Desde que te encontrei, os dias nublados nunca mais me alcançaram!

É como se o sol fosse minha morada e o verão, a única estação que por mim passa.

Quando teu rosto recosta sobre o meu, a vida sorri pra mim. Tudo me parece doce e até os problemas tornam-se pequenos demais quando penso na grandiosidade que é enfrentá-los com o amor da minha vida!

Tenho em mim, um amor que ultrapassa limites por você.

Um amor que permeia cada poro meu!

Que é latente, vibrante!

Que pulsa e me faz querer sempre mais de tudo que posso viver ao seu lado!

Eu te amo.

Eu te amo um amor desenfreado!

Indiscreto.

Um amor anunciado,.

Declarado!

Como o amor do poeta deve ser!

Para os dias de tormenta, para toda vez que eu me atrever a esquecer de mim:

Tenho refletido diária e "madrugadamente" sobre desistir e perseverar, sobre a beleza de continuar mesmo quando tudo está fora do lugar. E acho que grande parte desses monólogos me serviram de impulso para transcender todos os meus medos e incertezas, até aqui.

Afinal, às vezes o cansaço é tanto, que cogitar a desistência não parece tão ruim assim,

mas gosto de dizer a mim mesma que sempre soube que não desistiria, eu nunca desisto.

Eu sou gigante, a força da natureza mais docemente avassaladora que já conheci. Eu sempre consigo!

Sempre dou a volta por cima! Transbordo resiliência e talvez por isso eu seja tão assumidamente admiradora de minha essência!

É verdade que o cenário que vivemos é assustador, tememos pelos nossos e pelos dos outros, que no fim das contas, também são nossos.

Mas, eu sei que em breve tudo isso vai passar e dias muito melhores vão chegar pra nós!

Enquanto isso, rego o peito de esperança e afeto!

E lembro-me que é o amor que mantém o corpo desperto.

Apressa-te! Não deixe o amor passar porta a fora.

Seja mais esperto que os estúpidos,

Mais corajoso que os medrosos.

Agarra-te nele,

Faça vigília sobre ele,

Lute por ele, valentemente.

E caso de ti ele se perca,

Procure-o com gana e afinco,

Como quem busca ouro no garimpo.

E eu lhe asseguro que irá encontrá-lo

e então poderá guardá-lo no lugar mais sagrado do teu corpo,

Onde só se tem acesso quem de muito cultivar,

Germinou.

E então fará florir o solo do teu coração.

O congestionamento da vida

Estava conturbado

Não me vi atravessar,

Me atropelei,

Caí no chão

E partes de mim bateram contra a calçada.

Senti meu corpo formigar

A pulsação latejava.

Não sabia se iria levantar.

Demorei a recolher meus pedaços,

Mas recolhi.

Suturei cada ferida aberta,

Não havia analgesia.

Doeu. Como doeu.

Mas esperei cicatrizar.

E cicatrizou.

Minha alma agora carrega marcas e eu já tenho completa posse de mim.

As calçadas onde estive caída se tornaram concreto pro meu pisar.

Mas, não se engane

o congestionamento da vida não mudou, continuou conturbado,

No entanto, agora eu é que me enxergo a cada passo.

Aprendi a olhar para os dois lados e me respeitar.

Para minha surpresa:

Quem antes se atropelava hoje sabe caminhar

Sou partícipe e ativista da graça da vida.

Sou amante do riso,

Conjugada com a arte.

Sou andarilha das ruas do coração.

A bandeira que levanto é a da força de viver,

Mesmo quando nosso corpo parece estar caído e grudado no chão.

Não me entrego a dor por mais aguda que ela seja,

Não me acovardo diante do medo,

Não recuo diante do terror.

Posso sangrar feito bicho no abate,

Mas eu sei que não terá sido o xeque-mate

Acredite, no dia seguinte vou reacender mesmo que dolorida e te provar que não terá sido o bastante pra me parar.

Porque embora a vida possa ser um mar revolto às vezes,

Aprendi há muito tempo que a gente só afoga se para de nadar.

É lindo coexistir ao teu lado,

Nunca havia me deparado com essa potência que é existir pelo olhar do outro e tão pouco fazer o outro existir por meio de mim.

Teu olhar generoso me expande, estica, alarga minha ânsia de ser tudo o que puder. Porque não há nada melhor do que estar com quem sabe viver junto, com quem te dá espaço pra ser o que se é sem amarra, medo ou pudor.

Foi depois de você que descobri que amor é fonte de vida em sua forma mais divina.

Eu já me perdi de mim e demorou muito pra eu me achar de novo,

pra eu entender que minha alma é algo próximo de um mosaico ou uma colcha de retalhos que une tudo o que vivi e quem já encontrei.

E quando eu olho é tudo tão lindo!

eu já vivi tanta coisa!

E quando achei me dar por satisfeita, a vida me catapultou pra um cenário que jamais imaginei!

Ainda melhor do que sonhei, cheio de afeto e cumplicidade!

Descobri o sabor de amar alguém que ama de volta e de verdade.

Senti com minhas mãos a grandeza que isso tem!

E experimentei a fase mais gostosa que a vida oferece - a de encontrar alguém que, de algum modo, sempre quis te encontrar também

Gosto de acreditar que meu olho meio puxado já veio desenhado sorrindo.

É como se cada coisa em mim se conversasse, uma existência cheia de um tanto de tudo misturado.

Gosto de achar por exemplo que enxergo com o coração e de tanta coisa bonita que vejo, meu olho puxado, quase fechando, sorri.

Mas a vida apressada do jeito que é nem sempre me permite olhar de fato, olhar com calma, sabe? E a gente precisa tanto.

Por falar nisso, descobri que calma é uma palavra derivada do grego e pode ser traduzida como calor. O que, evidentemente me deu um arsenal de coisas a que pensar. Por que me dei conta que é quando a gente olha devagarinho pros momentos e pessoas que nos cercam que o nosso coração tende a esquentar.

E isso é divino porque não tem nada melhor do que o coração aquecido, afinal ninguém consegue viver a esmo no frio e é o calor do peito que agasalha a alma.

Acredito que este livro seja o maior ato de coragem que tive até aqui.

Por meio dele, te coloquei para dentro de mim e te permiti caminhar por lugares que em anos quase ninguém pôde acessar.

O que nos torna de algum modo meramente próximos. Afinal, estar dentro da mente de alguém, transitar em suas ideias, esbarrar em tuas conjecturas e colocar a mão além da pele de uma pessoa é algo poderoso. Mas saber usar isso a seu favor é mais poderoso ainda.

Por isso, pegue a ponta deste fio e olhe para vida com mais sensibilidade. As coisas não exatas, frias e calculadas.

A vida é literatura,

é amor

e poesia.

Acredite, o resto é detalhe.

Mas não tenha pressa de entender isso, ainda temos muito o que conversar.

No início dessa jornada, lhe disse que esse era apenas o começo da viagem. E eu não estava brincando.

Sendo assim, pode se sentar, afivelar o cinto e esperar pois já estamos a caminho da próxima parada.

www.ingramcontent.com/pod-product-compliance
Lightning Source LLC
LaVergne TN
LVHW050341160826
845677LV00014B/3726
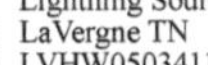

* 9 7 8 6 5 5 3 9 2 6 5 4 7 *